AF299732

Catalogue des Livres

à vendre de la Bibliothèque

de feu S. E. Mr. de CRESSENER

à Bonn.

In folio.

1. The universal family Bible (avec des Notes & Estampes.) London 1774.
2. A new History of the Bible, by Stackhouse. London 1742, avec des Cartes &c.
3. La Bible, imprimée chés Jacob Stoer 1580.
4. An analytical Exposition of Genesis, by George Hughes 1672.
5. History of Japan by Kempfer, 2 Tomes. 1727—1728.
6. Dictionaire de Morery. Amsterdam 1740, 8 Tomes.
7. Historia delle Guerre civili di Francia, par Davila. Paris 1644, 2 Tomes.
8. The works of William Bates, London 1723.
9. Rapin History of England, Tom. 3, 4, 5. 1744, avec des Estampes & Cartes.
10. Opere del Cardinal Bentivoglio, 1645.
11. Histoire des anciens Parlemens de France. Londres 1727.

12. Proceedings in the House of Peers. London 1746.
13. Les Monumens de la Monarchie françoise, par Montfaucon. Londres 1732, T. 4, 5. avec Fig.
14. Castelli e Ponti di Nicola Zabaglia. Roma 1743.
15. Detail de la Guerre, par le Comte de Bunau. 5 Tomes.
16. Stade of the Trade, by Sir Withworth. 1776.
17. A topographical Description of America. 1776.
18. Medailles du Regne de Louis XV, par Fleurimont.
19. Chambers's Dictionary. London 1728, 2 Tomes.

In quarto.

20. Les Interêts & Prétensions des Puissances de l'Europe, par Rousset, 3 Tomes. La Haye 1736.
21. Histoire de Polybe traduit du Grec, par Follard, 6 Tomes & un Supplement. Paris 1727.
22. Memoires de Condè, par Mr. de Thou, 6 Tomes. Londres 1743.

23.

23. Histoire d'Angleterre, par Rapin, secon-
de Edition, 10 Tomes. La Haye 1733.
24. Histoire de Charles XII, par Nordberg,
3 Tomes. La Haye 1748.
25. Histoire de Louis de Bourbon, par Coste.
La Haye 1749.
26. Histoire politique du Siècle. Londres
1757, prem. Tome.
27. Histoire du Comte de Namur, par de
Marne. Liège 1754.
28. A Series of Letters discovering the Scheme
projected, by France in 1759, by Mac Al-
lester. London 1767, 2 Tomes.
29. The Memoirs of the English and French
Commissaries concerning St. Lucia. London 1755.
30. De l'Esprit des Loix, par Mr. Montesquieu.
Geneve 1749, 2 Tomes.
31. Histoire del Concilio Tridentino, di Pietro
Soave Polano in Geneva 1629.
32. Origines Boicae Domus. Norimbergae
1764.
33. Journal de Pierre le Grand. Berlin 1773.
34. Thesaurus linguae latinae, or Dictionnary
of the latine tongue &c. by Robert Ains-
worth. London 1761.
35. Le Dictionnaire Royal françois, anglois,
par Boyer. Londres 1773.

36. Dizionnario italiano ed inglese, by Altieri. London 1726.

37. Dictionnaire Royal françois & anglois, & anglois & françois, par Boyer. Londres 1759.

38. Nouveau Dictionnaire universel des Arts & des Sciences, traduit de l'anglois de Thomas Dyche. Avignon 1756, 2 Tom.

39. Encyclopédie ou Dictionnaire raisonné des Sciences. A Geneve 1778, 35 Tomes, & 4 Tom. de Fig.

40. Dictionnaire universel des Sciences, par Mr. Robinet. Londres 1780, 17 Tomes.

41. Vollständiges Hessen-Hanauisches Pfalmen- und Choralbuch. Ffl. 1754.

42. The Memorials of the English and French Commissaries concerning the Limits of Nova Scotia. London 1755.

43. Ordonnances du Roi 1748—1756.

44. Lettres, Memoires &c. du Chevalier d'Eon 1764, 2 Tomes.

45. The History of the Popes, by Bower, 2 Tomes. London 1756.

46. Original Papers, containing the History of Great Britain, by James Macpherson, 2 Tomes. London 1775.

47. Miscellanous States papers, by Milord Hardwick. London 1778, 2 Tomes.

48. Memoirs of Great Britain and Ireland, by
Dalrymple.   London 1772, 2 Tomes.
49. The History of Astronomy, by Costard.
London 1767.
50. The History of the Reign of Philipp Se-
cond, by Robert Watson, 2 Tomes. London 1777.
51. The History of America, by W. Robertson, 2 Tomes. London 1777.
52. Histoire générale d'Espagne, par Jean de
Mariana.   Paris 1725, 6 Tomes.
53. L'ambassadeur & ses Fonctions, par Wic-
quefort.   Amsterdam 1746, 3 Tomes.
54. A Journal of the Swedish ambassy, par
Whitelock. London 1772.
55. Il Pastor fido, par Guarini. Londra 1728.
56. The Analysis of Beauty, par Hogarth.
1753.
57. The History of Hindostan, by Dow. London 1768.
58. The ecclesiastical History of Fleury. 5 Tomes, 1727.
59. A free inquiry into the Miraculous power,
by Middelton. London 1749.
60. Reflexions sur la Cause générale des Vents,
par Mr. d'Alembert. Paris 1747.
61. Atlas topographique de la France, par
John Rocke.

62.

62. Les Gazettes de Cologne, depuis 1753 —
1780. reliées, 28 Tomes.

In octavo.

63. An universal History from the earliest
account of time. London 1747—1754,
21 Tomes.
64. The modern part of an universal History
(suite de l'ouvrage précedent) Lond. 1759
— 1766, 44 Tomes.
65. The Peerage of England, by Arthur Col-
lins. London 1768, 7 Tomes.
66. Paradise lost, by John Milton. London
1757, 2 Tomes.
67. Comedies of Fielding. London 1731—
1733, 2 Tomes.
68. Miscellanies, by Henry Fielding. London 1743, 3 Tomes.
69. The History of the Reign of the Emperor
Charles V, by W. Robertson. Lond. 1744,
4 Tomes.
70. The History of ancient Grece, by Robertson. Edinburgh 1778.
71. The Letters of Pliny, by Lord Orrery.
Dublin 1751, 2 Tomes.
72. Remarcks on the life and Writings of Dr.
Swift, by Lord Orrery.

73. The History of Sir Charles Grandison, London 1754, 6 Tomes.

74. A Voyage to South America, by Don George Juan, and Antonio de Ulloa, London 1760, 2 Tomes.

75. Fifty Sermons, by Samuel Bourn. Norwich 1777, 2 Tomes.

76. Sermons, by James Forster. Lond. 1745, 4 Tomes.

77. Sermons, by John Sharp. Lond. 1748, 7 Tomes.

78. Sermons, by Sherlock. London 1759, 4 Tomes.

79. Discourse on death. 1751.

80. An Enquiry after happiness, by Richard Lucas. 1734, 2 Tomes.

81. Practical Discourses, by Daniel Williams. London 1738, 2 Tomes.

82. The antiquities of Grece, by John Potter. London 1728, 2 Tomes.

83. The female Pilgrim. London 1762.

84. The Sacred theory on Earth. Lond. 1726

85. A Voyage round the World, by Anson. London 1748, avec un Tome de Cartes.

86. Characteristicks of Men, Manners, Opinions and Times, by Shaftesbury. 1727, 3 Tomes.

103. Confiderations fur le Gouvernement de
la France.   Amfterdam 1764

104. Lettres de la Montagne, par J. J. Rouf-
feau.   Amfterdam 1764, 2 Tomes.

105. La Geographie de la France, par Du-
moulin.   Paris 1764

106. Compte rendu des Comptes rendus aux
divers Parlemens.   Paris 1765, 2 Tomes.

107. Hiftoire philofophique & politique. Amfterdam, 7 Tomes.   Tableau de l'Europe.
1774

108. L'art de Manege, par le Baron de Sind.
Vienne 1772.

109. Etat civil &c. du Bengale.   Maftricht
1775, 2 Tomes.

110. An account of the new Northern Archi-
pelago.

111. L'an deux mille quatre cent quarante.
Londres 1772.

112. Confiderations fur le Gouvernement de
la France, par le Marquis d'Argenfon.
Amfterdam 1764.

113. Conftitutions de l'Angleterre.   Amfterdam 1771.

114. Traité de la Circulation & du Credit.
Amfterdam 1771.

115. The prefent State of Mufic, by Burney.
London 1771, 2 Tomes.

B

116.

116. The irish Rebellion, by Sir J. Temple.
London 1744.

117. Dialogue des Morts, par Joncourt. La
Haye 1760.

118. Oeuvres de Mr. Voltaire, Dresde 1748,
6 Tomes.

119. Collection des Oeuvres de Voltaire. 17
Tomes.

120. Collection des Oeuvres de Voltaire, Geneve 1774, 31 Tomes.

121. Les Origines, ou l'ancien Gouvernement de la France, de l'Allemagne & de
l'Italie. La Haye 1757, 4 Tomes.

122. Recueil historique, par Rousset. La
Haye 1728, 21 Tomes.

123. La France d'après Nature. Cologne 1748.

124. Memoires de Torcy. La Haye 1757,
3 Tomes.

125. Theatre de Marivaux. Amsterd. 1756,
4 Tomes.

126. Histoire de l'Empire, par Mr. Heiss.
Amsterdam 1733, 8 Tomes.

127. Etat politique de l'Europe. La Haye 1742,
13 Tomes.

128. The english Dispensatory, by John
Quincy. 1769.

129. The Farriers and Horseman's Dictionnary. 1726.

130.

130. A Discourse on the Plague, by Rich. Mead 1744.

131. A new Practice of Physic, par Shaw, 1753, 2 Tomes.

132. Le même. 1726.

133. Belisaire, par Mr. de Marmontel. Paris 1767.

134. Dancourt, Arlequin de Berlin, par J. J. Rousseau. Berlin 1759.

135. La Petreade, ou Pierre le Createur, par le Chevalier Mainvillers. Amsterd. 1763.

136. Observations on Mount Vesuvius, by Sir Hamilton. London 1772.

137. The natural History of Mount Vesuvius. London 1773.

138. L'histoire des Grecs. Londres 1758.

139. Roman comique, par Mr. Scarron. Amsterdam 1762.

140. Suite aux Negociations du Chevalier d'Eon. 1765.

141. An Essay on Sickness and Health, by Edward Strother. London 1725.

142. The History of the life of Cicero. 3 Tomes, 1750.

143. Bradley's Husbandry. London 1736.

144. Hoadly's Sermons. Lond. 1758, 3 Tom.

145. Phedon de Mendelson. 1772.

146. Seker's Sermons. London 1764.

147.

147. Shuckford's History of the World. 1743, 3 Tomes.

148. An Essay on the Writings of Shakespear. 1770.

149. Sermons de Huet. 1762, 4 Tomes.

150. Horatii Flavii Opera, by John Pine, le texte gravé.

151. The Life of Clarendon. Oxford 1759, 3 Tomes.

152. Gay's Fables. London 1746.

153. Burnet's State of the Dead. Lond. 1728, 2 Tomes.

154. The Life of James Gardiner. London 1747.

155. Rawlet's sacramental Convenanting. 1736.

156. Love of Fame, by Young. Lond. 1741.

157. A Letter to Sir W. Windham, by Lord Bolingbroke. 1753.

158. Ovid's Epistles. London 1712.

159. Les Pseaumes de David en Vers. La Haye, 1730.

160. The Family Prayer Book. Lond. 1743, double.

161. Le nouveau Testament. 1735.

162. A History of the Revolution in Sweden. 1778.

163. The credibility of the Gospel History. 1741, 17 Tomes.

164.

181. Cato a Tragedy, by Mr. Addison. London 1738.

182. Leonora, or Characters. Lond. 1745, 2 Tomes.

183. Poems, by Matthew Prior. Lond. 1741, 2 Tomes.

184. Hudibras, by Buttler. London 1739.

185. Les Oeuvres de Mr. de Moliere. Rotterdam 1732, 8 Tomes.

186. Histoire de Constantinople. Paris 1685, 10 Tomes.

187. Histoire de l'Eglise. Paris 1686, 6 Tom.

188. Le Heros, de Balthasar Gracien. Rotterdam 1729.

189. Histoire du Ministère de Mazarim. Amsterdam 1671, 3 Tomes.

190. Nobility of England. London 1753, 13 Tomes.

191. Melanges de Litterature, d'Histoire & de Philosophie. Amsterd. 1759, 4 Tom.

192. Nouveau Recueil des Secrets, par Emery, 1737, 4 Tomes.

193. Voyage de Pietro della Vallé. Rouen 1745, 8 Tomes.

194. Annales de l'Empire, par Voltaire, Francfort 1754.

195. L'homme de Cour, de Balthasar Gracian. Rotterdam 1728.

196.

196. Reflexions politiques, de Balthasar Gracian.   Paris 1730.
197. Rhetorique françoise. Paris 1762.
198. Histoire romaine, par Xiphibin,   par
Zonare & par Zosime.   Paris 1686.
199. Histoire du Congrès de la paix, d'Ut-
recht. 1716.
200. Histoire naturelle de l'Ame. Oxf. 1747.
201. Historical Collection. London 1686.
202. Synonymes françois. Geneve 1749.
203. Les Oeuvres de Crebillon. Paris 1756,
3 Tomes.
204. Oeuvres de Gresset. 2 Tomes.
205. Dissertation sur la Cigue, par Mr. Stork.
Vienne 1761.
206. A Discourse of secret Prayers, by Henry
Grove.   London 1736.
207. Sermons to youngs Persons, by Dodrid-
ge. London 1743.
208. Mediations upon various Subjects. London 1749.
209. A Discourse concerning Saving faith.
London 1736.
210. The Oeconomy of human life. Lond. 1758
211. Causes celebres. A Paris 1739—1750.
19 Tomes.
212. Poemes dramatiques, de Corneille. Paris 1738, 5 Tomes.

213.

213. Le Theatre de Corneille. Paris 1747,
6 Tomes.
214. Ouvres de Racine. 1741, 2 Tomes.
215. Le Theater italien de Gherardi. Paris
1741, 6 Tomes.
216. Jerusalem delivré du Tasse. Paris 1724,
2 Tomes.
217. Reflexions militaires & politiques, par
Vergy. La Haye 1739, 12 Tomes.
218. Memoires de Mr. l'Abbé de Montgon.
1752, 8 Tomes.
219. Traité des Extremes, par Mr. Changeux.
Amsterdam 1767, 2 Tomes.
220. Traité du Gouvernement de l'Eglise.
Venise 1767, 3 Tomes.
221. De l'Autorité du Clergé. Amsterd. 1764,
2 Tomes.
222. Recueil chronologique de tout ce qu'à
fait la Societé de Jesus en Portugal. Lis-
bonne 1769, 3 Tomes.
223. Lettres. Londres 1750.
224. Voyage de la Baye de Hudson, par Mr.
Ellis. Paris 1749.
225. Theorie de l'Impot. 1760, double.
226. Preservatif contre la Reunion, avec le
Siège de Rome, par Mr. l'Enfant. Amsterd.
1723, 4 Tomes.
227. Dissertation sur Elie & Enoch.

228. Hiſtoire de la guerre de 1740 par Voltaire. La Haye 1756.
229. Defenſe du Catechisme de Heidelberg par Mr. l'Enfant. Amſterdam 1723.
230. Replique des Commiſſaires anglois au memoire des Commiſſaires farnçois. La Haye 1756.
231. Series Numismatum 1721.
232. Hiſtoire ancienne des peuples de l'Europe. Paris 1772. 12 Tomes.
233. Le Comedie del Carolo Goldoni. Pologna 1753. 11 Tomes.
234. Bouclier de l'Etat de Juſtice 1668.
235. Journal du Cardinal de Richelieu. Amſterdam 1664.
236. L'abbé commendataire. Cologne 1673.
237. L'hiſtoire du conclave. Cologne 1703. 2 Tomes.
238. Hiſtoire de Maurice Comte de Saxe, 1753. 2 Tomes.
239. Oeuvres du philoſophe de Sansſouci. Potsdam 1760.
240. Les Soupers de la Cour. Paris 1755. 4 Tomes.
241. De l'Esprit. Amſterdam 1761, 2 Toms.
242. Roma antica. Roma 1741.
243. Demelés de Genes avec ſan Remo.

244. La vie de Ppilippe d'Orleans. Londres 1737. 2 Tomes.
245. De la Santé des gens des lettres, par Tissot. 1772.
246. Avis au peuple, par Tissot 1770. 2 Tomes.
247. Instructions importantes au peuple, par Tissot. 1768 2 Tomes.
248. Traité des eaux de Spa. Liége 1756.
149. Considerations politique sur les coups d'Etat. Cologne 1734.
250. Di una Riforma d'Italia 1767.
251. Memoire historique sur la negotiation de la France & d'Angleterre 1761.
252. Memoires sur les principaux Evenemens du Regne de Louis XIV. 1734.
253. Poems by John Gay. London 1745. 2 Tomes.
254. The life of Mahomet. London 1752.
255. Pictures of Men, manners and Times London 1779. 2 Tomes.
256. Swifts Works, 13 Tomes 1747.
257. Lettres on the spirit of patriotisme. London 1750.
258. Love of fame. London 1752.
259. A Traitise of that beign born again. London 1741.

260. Chrisal, or the adventures of a Guinea
     London 1764.
261. Hume's Essays. London 1760. 4 Tom.
262. Young's Works. Lond. 1757. 4 Tom.
263. Pope's Works. London 1740. 9 Tom.
264. The Iliad of Homer. London 1743.
     6 Tomes.
265. The Odysses— Lond. 1745. 5. Tom.
266. The Works of Horace by Francis.
     1747. 4 Tomes.
267. Lucians Pharsalia by Row. 1772. 2 Tom.
268. The Praise of Folly by Erasmus. 1724.
269. The Roman History by Dunn. 1748. 2
     Tomes.
270. Watt's Poems. London 1743.
271. Memoirs by Milord Bolingbroke. Lon-
     don 1752.
272. Memoires de Mr. de Feuquiere. Amster-
     dam 1741 4 Tomes.
273. Exposition des Motifs de la guerre pre-
     sente 1746.
274. Recueil de piéces secretes & interessan-
     tes 1743.
275. Histoire des Revolutions des Gene. 1753.
     3 Tomes.
276. Memoires des Commissaires de S. M. B.
     & de S. M. T. C. 1755 3 Tomes.

277.

277. Memoires Pour le Sieur de la Bourdon-
nais 1751 3 Tomes.
278. Recueil des Lettres pour l'Histoire de
Louis XIV. 1759 8 Tomes.
279. Negociations du Comte d'Avaux. 1752
6 Tomes.
280. Campagne de Marsin & Villeroy 1704.
281. Campagne de Coigny 1761 8 Tomes.
282. Campagnes de Noailles 1760 2 Tomes.
283. Hippolitus à Lapide, traduit 1762 2 T.
284. Instructions militaires du Roi de Prusse
1762.
285. Memoires pour servir à l'Histoire de
Brandebourg. 1751.
286. Etat militaire de la France. 14 Tomes.
287. Histoire de Pierre le grand 1742 3 rem.
288. Histoire de Catherine I. 1742.
289. L'infortune Rozzelli 1734 2 Tomes.
290. Grammaire italiene par Veneroni 1752
291. Chirurgie de Gouhard 2 Tomes.

CAR-

CARTES GEOGRAPHIQUES
montées fur de la Toile.

Carte de la Bohême en 9 feuilles par le Rouge.
— de l'Allemagne en 4 feuilles par Daumont.
— de l'Amérique feptentrionale en 6 feuilles par Mitchel.
— de Penfylvanie en 3 feuilles par Scull.
— de Virginie & Maryland en 4 feuilles par Jefferys.
— de nouvell York par Fadan.
— de nouvel Jerfey par le même.
— d'une partie de la Ruffie & de la Turquie 3 feuilles.
— de la Heffe par Rozière 4 feuilles.
— des Indes orientales par Jefferys 4 feuilles.
— de la Wetteravie par Buna 4 feuilles.
Plan de la ville de Rome 16 feuilles avec l'Explicarion.
Deux petits de la même ville.
Atlas Silefiæ par Homan relié.

Cartes qui ne font pas fur Toile.

Carte de la ville de Quebec.
— de St Auguftin en Floride.
— du Port de Rhode Island par Barres.

Carte

Carte du Canada par Sothier.
— de New-York en 3 feuilles.
— de la ville & environs de Philadelphie.
— des Indes orientales par Blair.
— de la ville de Boston.
Plusieurs Plans de Bataille Par Bauer.
Plusieurs autres.
Carte de l'Italie 6 feuilles.
— de l'Evêché de Liége 6 feuilles.
— du Cours du Rhin 3 feuilles.
30 differentes Cartes.